3 Décembre 1900.

V

VENTE

des Lundi 3 et Mardi 4 Décembre 1900

HOTEL DROUOT, SALLE N° **1**

MOBILIER ARTISTIQUE

BIJOUX — ARGENTERIE

Appartenant à Mme L. P...

OBJETS D'ART

MEUBLES ANCIENS

Tableaux

Appartenant à M. le Comte de M...

Me PAUL TILORIER
COMMISSAIRE-PRISEUR
9, Boulevard des Italiens, 9

M. A. BLOCHE
EXPERT PRÈS LA COUR D'APPEL
28, rue de Châteaudun, 28

EXPOSITION PUBLIQUE

LE DIMANCHE 2 DÉCEMBRE 1900

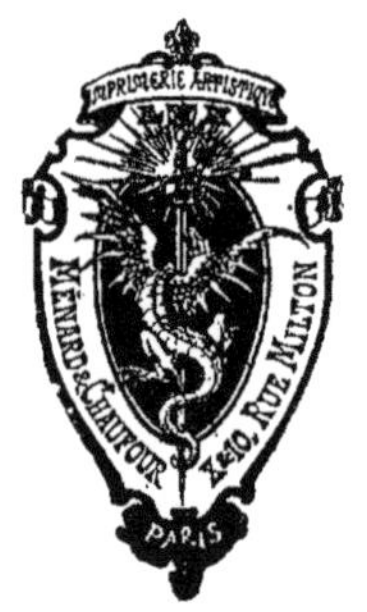
IMPRIMERIE ARTISTIQUE
MÉNARD & CHAUFOUR
8 & 10, RUE MILTON
PARIS

CATALOGUE

DU

MOBILIER ARTISTIQUE

DES

Bijoux, Argenterie, Objets de vitrine
Dentelles, Miniatures, Bronzes, Sculptures Porcelaine, Faïences
Tentures, Tapis

Appartenant à Mme L. P***

DES

OBJETS D'ART

Pendule en marbre attribuée à Falconet, Meubles anciens et de style
Important salon du temps de Louis XVI

TABLEAUX

Appartenant à M. le Comte de M***

ET OBJETS D'ART ET D'AMEUBLEMENT
Appartenant à divers

DONT LES VENTES AURONT LIEU

HOTEL DROUOT, SALLE N° 1

Les Lundi 3 et Mardi 4 Décembre 1900
ET SALLE N° **11**
Le Mercredi 5 Décembre 1900
A DEUX HEURES

Me PAUL TILORIER	M. A. BLOCHE
COMMISSAIRE-PRISEUR	EXPERT PRÈS LA COUR D'APPEL
9, boulevard des Italiens	**28, Rue de Châteaudun, 28**

Chez lesquels on trouve le présent Catalogue.

EXPOSITION PUBLIQUE

LE DIMANCHE 2 DÉCEMBRE 1900
DE 2 HEURES A 5 HEURES 1/2

CONDITIONS DE LA VENTE

Elle sera faite au comptant.

Les acquéreurs paieront *cinq pour cent* en sus des adjudications.

L'Exposition permettant au public de se rendre compte de l'état des tableaux, il ne sera admis aucune réclamation une fois l'adjudication prononcée.

Paris. — Imprimerie artistique Ménard et Chaufour 8-10, rue Milton

DÉSIGNATION

MEUBLES

1 — Magnifique lit de milieu en bois sculpté, fond peint gris, frises et ornements, ainsi que le fronton inspirés du plus joli style Louis XVI, rehaussé d'or de différents tons; fond et devant garnis de satin bleu turquoise rayé et broché.

2 — Dessus de lit en satin crème de Chine brodé à fleurs et volatiles.

3 — Décorations de lit, cinq portières et garnitures de cheminée en soierie bleue rayée et brochée, intérieur de la décoration du lit en mousseline et guipures, point de Venise ancien.

4 — Table de nuit, bois sculpté peint gris et rehaussé d'or. Style Louis XVI.

5 — Canapé en bois sculpté et doré, fond laqué gris, couronné par un trophée d'arcs, de couronnes et de gerbes de fleurs, couvert en satin bleu turquoise rayé et broché. Style Louis XVI.

6 — Quatre chaises à dossiers forme lyre en bois scupté et doré, fond laqué gris, couvertes en satin bleu turquoise rayé et broché. Style Louis XVI.

7 — Fauteuil en bois sculpté et doré, fond laqué blanc et relevé de rose, couvert en satin rayé et broché bleu turquoise, garni de passementeries roses et bleues. Style Louis XVI.

8 — Petite table couverte de peluche bleue et soierie brochée.

9 — Table-coiffeuse avec dessus et rideaux en guipure Renaissance.

10 — Psyché en bois sculpté et doré, à guirlandes et rubans enroulés, glace biseautée. Style Louis XVI.

11 — Belle armoire normande en bois sculpté, laqué blanc et rehaussé d'or ornée de peintures ; intérieur en soierie bleue rayée et garni de dentelles. Époque Louis XVI.

12 — Secrétaire en palissandre incrusté de cuivre, décor guerrier tenant un cheval, garni de bronzes, dessus en marbre. Style Louis XVI.

13 — Table-bureau forme contournée, en bois de luxe satiné et marqueté à rosaces, ouvrant à deux tiroirs et tablette à dessus de cuir, encadrement de bronze. Époque Louis XV.

14 — Buffet breton en bois sculpté à ornements, rosaces et arceaux, ouvrant à deux portes et deux

tiroirs, le haut supporté par des colonnettes, ouvragées, serrure en fer forgé. Époque XVIIe siècle

15 — Meuble crédence en bois sculpté à rosaces et ornements ; le haut à clochetons supporté par des colonnettes. Époque XVIe siècle.

16 — Desserte en noyer sculpté formant étagère, dessus à galerie et marbre rouge griotte. Style Renaissance.

17 — Table de salle à manger à trois rallonges, piètement sculpté.

18 — Six chaises en bois sculpté, montants à têtes de lions, foncées de canne.

19 — Deux chaises en bois sculpté à hauts dossiers couvertes en maroquin clouté de cuivre.

20 — Table à thé en noyer sculpté, le haut à galerie.

21 — Petite banquette Louis XIII en noyer sculpté, couverte en velours grenat.

22 — Petit paravent diptyque, en bois sculpté Louis XV, feuilles en soierie ancienne brochée à fleurs.

23 — Joli canapé en bois sculpté et doré à rais de cœur, pieds cannelés, couvert en soierie crème, rayée et brochée à festons de fleurs. Style Louis XVI.

24 — Bergère en bois sculpté, peint gris et rehaussé d'or à rais de cœur, perlés et feuilles d'acanthe, couverte en soierie vieux rose rayée crême et brochée à festons et guirlandes de fleurs. Style Louis XVI.

25 — Deux petites chaises en bois sculpté et doré, dossiers ajourés, dessus en soierie rose et bleue, brochée à fleurs. Style Louis XVI.

26 — Jardinière en bois sculpté et doré, bandeau ajouré et guirlandes de fleurs. Style Louis XVI.

27 — Console en bois sculpté et doré, bandeau ajouré et guirlandes de fleurs, pieds reliés par un croisillon surmonté d'un vase de fleurs, dessus en marbre blanc. Style Louis XVI.

28 — Jolie vitrine en bois de rose garni de bronzes ciselés et dorés, dessus en marbre gris. Style Louis XV, posant sur socle en peluche rouge.

29 — Bureau bonheur du jour en bois de luxe satiné et marqueté, à attributs de musique, orné de filets de cuivre, dessus à étagère et fond de glace. Style Louis XVI.

30 — Table à jeu en marqueterie de bois à fleurs garni de bronzes. Style Louis XVI.

31 — Petite table vitrine en acajou garni de filets de cuivre. Style Louis XVI.

32 — Petit guéridon en acajou, dessus en marbre et galerie de cuivre. Epoque Louis XVI.

33-34 — Deux petites tables supports en noyer avec tablettes d'entre-jambes.

35 — Banquette en bois sculpté peint gris, parties dorées à rais de cœur et perlés, foncée de canne dorée, coussins et bras en soierie brochée fond crème à fleurs. Style Louis XVI.

36 — Glace biseautée avec cadre ajouré en bois sculpté et doré à feuillages, fronton avec armoirie accostée de deux lions. Style Louis XIV.

37 — Grande glace avec encadrement peint blanc rehaussé d'or, fronton à guirlande et têtes de femmes Style Louis XIV.

38 — Paravent à quatre feuilles en soierie rouge rayée crème et brochée à fleurs, le haut orné de glaces biseautées.

39 — Table-liseuse en bois noir gravé.

40 — Petite table orientale en bois incrusté d'or et d'ivoire.

41 — Colonne cannelée en marbre rouge orné de bronzes dorés.

42 — Fauteuil en bambou foncé de canne dorée.

43 — Porte-manteau en noyer à fond de glace biseautée. Style Renaissance.

44 — Coffre-banquette en bois noir gravé, dessus en cuir.

45 — Table en bambou garni de soierie chinoise.

46 — Toilette en bois noir, dessus en marbre blanc et glace biseautée.

47 — Armoire à glace biseautée en bois noir sculpté. Style Renaissance.

48 — Quatre chaises en bois noir et soierie rose.

49 — Chaise longue couverte en satin crème de Chine brodé à fleurs.

50 — Table à ouvrage laquée d'or.

51 — Deux chaises vannerie de couleur avec coussins en soierie ancienne.

52 — Fauteuil et chaises couverts en soierie vieux rose.

OBJETS D'ART

53 — Belle garniture de cheminée en bronze finement ciselé et doré composée : 1° d'une pendule forme monumentale à élégants rinceaux se reliant au cadran surmonté d'un vase enguirlandé avec bas-relief à amours et arabesques; 2° de deux candélabres forme vases enguirlandés d'où s'échappent des rinceaux à dix lumières. Style Louis XVI.

54 — Paire de flambeaux en bronze doré, forme gaîne ornementée. Style Louis XIV.

55 — Paire d'appliques en bronze patine foncée et parties dorées à sept lumières.

56 — Très jolie pendule forme vase sur console en porcelaine de Tournai fond gros bleu orné de peintures représentant Vénus et l'Amour et des volatiles, garnie de bronzes finement ciselés et dorés, à draperies et cariatides de femmes tenant des guirlandes de fleurs. Travail de style Louis XVI de la maison BARBEDIENNE.

57 — Paire de vases en porcelaine gros bleu de Tournai et peintures à petits personnages, montures en bronze. Style Louis XVI.

58 — Paire de vases Louis XVI en porcelaine gros bleu, montures en bronze ciselé et doré à guirlandes de fruits et feuilles d'acanthe.

59 — Deux porte-bouquets en émail bleu, monture bronze doré.

60 — Statuette en bronze d'Aug. MOREAU, socle en peluche rouge.

61 — Groupe en marbre : Amour lançant ses traits, de RANCOULET.

62 — Statuette en bronze représentant le Corrège de A. CARRIER-BELLEUSE.

63 — Paire de petits vases en porphyre gris, mon-

ture en bronze doré à guirlandes de vignes, anses à têtes de satyres. Style Louis XVI.

64 — Jardinière en bronze du Japon, décor en relief aux dragons, sur socle en bois noir à têtes d'éléphants.

65 — Suspension de salle à manger en bronze nickelé et poli, à une lampe et vingt bougies.

66 — Aiguière en bronze ciselé et argenté, offrant des enfants assis au milieu de feuillages, anse formée par un héron.

67 — Plat en émail cloisonné, décor fond bleu à fleurs.

68 — Pendule forme lanterne en cuivre.

69 — Plat creux vieux Chine, décor en bleu aux cygnes, bordure à compartiments.

70 — Deux plats creux en vieux Japon, décor en bleu, rouge et or, à branchages fleuris.

71 — Deux plats ronds vieux Japon, décor bleu, rouge et or, à fleurs et médaillons.

72 — Plat en porcelaine de l'Inde, décor à fleurs en rouge, vert et or, bordure poissons et couronnes.

73 — Assiette de l'Inde, décor en grisaille, à personnages.

74 — Compotier vieux Chine, à branchage fleuri.

75 — Paire de grands vases en porcelaine craquelé de Chine, décor en émaux de couleurs aux guerriers.

76 — Compotier en vieux Chine, de la famille rose, décor à branches fleuries.

77 — Plat rond et deux assiettes en vieux Chine, famille rose à fleurs.

78-80 — Six jolis compotiers vieux Chine, de la famille rose, décor à la jardinière fleurie.

81-83 — Huit assiettes vieux Chine de la famille rose, décor à fleurs, bordures à lambrequin en émaux de couleurs.

84 — Deux assiettes creuses vieux Chine, en émaux de couleur de la famille rose, bordures fond noir rehaussées d'or.

85 — Deux assiettes vieux Chine, de la famille rose, décor à la corbeille fleurie.

86 — Sept assiettes vieux Chine, famille rose, décor à fleurs.

87 — Cafetière, theière et six tasses avec leurs soucoupes, en ancienne porcelaine de Saxe Marcolini à fleurs.

88 — Soupière en faïence de Strasbourg, décor à fleurs.

89 — Quinze plats et compotiers en porcelaine de Chine, décor bleu, rouge et or.

90-91 — Sept assiettes en ancienne faïence de Moustiers, décor en vert et ocre.

92 — Assiette en faïence des Islettes, à fleurs, bordure dentelée.

93 — Paire de vases en porcelaine japonaisé, fond gris à arbustes fleuris, montures en bronze.

94 — Paire de vases en porcelaine gris craquelé de Chine.

95 — Lanterne persane en cuivre ajouré.

96 — Quatre boîtes de toilette en verre, couvercles en argent guilloché.

97 — Garniture de toilette en porcelaine de Chine.

98 — Petite jardinière en émail cloisonné, fond noir à fleurs.

99 — Groupe en terre cuite. Retour des Champs, signé J. ROGNON.

100 — Petite aiguière en faïence de Blois, à médaillon Vue de Chateau.

101 — Deux petits groupes en biscuit de Niederwiller: Amours forgeant et lançant des traits.

102 — Paire de petits vases en porcelaine de Chine, fond rouge à personnages.

103 — Grand groupe en porcelaine de Saxe: La partie de musique.

104 — Petit groupe en porcelaine d'Allemagne : La danse.

105 — Petit brûle-parfums en porcelaine de Chine avec médaillons à personnages, couvercle surmonté d'une chimère.

106 — Assiette en porcelaine de Chine, décor aux papillons.

107 — Paire de petits vases en porcelaine gris craquelé de Chine et émaux de couleur à personnages.

108 — Petit buste en biscuit : La Rieuse.

109 — Petit lustre en bronze ciselé et argenté, à amours et feuillages. Style Renaissance.

110 — Porte-pelle et pincettes en fer poli.

111 — Pare étincelles grillagé et bronzes dorés.

112 — Porte-pelles et pincettes en bronze ciselé et doré, style Louis XV.

BIJOUX ARGENTERIE

OBJETS DE VITRINE

113 — Joli bracelet, rivière en or enrichie de trente brillants, montés en chatons.

114 — Trois broches forme étoiles en or tout pavé

de brillants, avec armatures pour former épingles à cheveux.

115 — Epingle à chapeau en or, enrichi d'un saphir entouré de brillants.

116 — Épingle à chapeau en or, avec calotte en roses.

117 — Bracelet fil en or, orné de neuf perles.

118 — Broche forme fer à cheval en or, avec turquoises et roses.

119 — Bracelet chaîne en or, orné d'un saphir cabochon entre deux brillants.

120 — Bague en or, enrichie d'une perle fine entourée de brillants.

121 — Bague double corps en or enrichi de brillants.

122 — Bague en or avec saphir entouré de brillants.

123 — Bracelet-gourmette en or.

124 — Boîte à poudre en or ciselé et gravé de style Louis XVI.

125 — Canif en or de style Louis XV.

126 — Etui à fards, en or ciselé et gravé, style Louis XVI.

127 — Chaîne de taille pour trousse en or, modèle à maillons.

128 — Deux épingles à cheveux en or.

129 — Montre en argent gravé et guilloché.

130 — Bague enrichie d'une perle grise et de deux brillants.

131 — Bracelet gourmette en or avec fer à cheval en turquoises et roses.

132 — Bague sorcière en or.

133 — Huilier en argent ciselé à guirlandes, burettes en verre bleui et gravé. Louis XVI.

134 — Moutardier en argent ajouré à guirlandes, carquois et médailles. Style Louis XVI.

135 — Salière double en argent à guirlandes et nœuds de rubans.

136 — Service à liqueurs en argent ciselé et repoussé à amours tenant des guirlandes de fleurs, nœuds de rubans et écussons, composé d'un plateau, de deux flacons côtelés en verre et de huit verres. Style Louis XV.

137 — Plat creux en argent, avec cloche gravée au centre, bordure à filets.

138 — Plateau rectangulaire en argent repoussé et martelé à branchage fleuri.

139 — Plat rond en argent, bordure ciselée à contours et fleurs. Style Louis XV.

140 — Petit plateau porte-cartes en argent, bordure ciselée à godrons.

141 — Deux dessous de carafe en argent, bordure gravée à grecques et guillochures.

142 — Bougeoir en vermeil ciselé à branchages fleuris, carquois et nœuds de rubans. Style Louis XVI.

143 — Pot à confitures en cristal taillé, pied et couvercle en argent gravé, bordure ciselée à fleurs.

144 — Flacon à vins fins en verre côtelé, monture en argent doré, ajouré et gravé, dessin à feuillages.

145 — Petite cafetière en argent uni, manche en bois noir.

146 — Théière et sucrier en argent gravé et guilloché. Style Louis XVI.

147-149 — Quatre porte-curedents en argent gravé et guilloché.

150-151 — Deux tasses à chocolat avec leurs soucoupes et cuillères en argent gravé et doré.

152-153 — Deux tasses à café en argent gravé et doré, avec leurs cuillères.

154 — Service à découper en argent ciselé avec chiffre A. D.

155 — Service à salade analogue.

156 — Fourchette à poisson et pelle à glace analogue.

157 — Couteau et fourchette à hors-d'œuvres, manches en argent, dents et lames dorées.

158 — Quatre pièces à fruits confits en argent parties dorées.

159 — Porte-menu en argent ciselé, forme tableau sur chevalet avec attributs de peinture enguirlandés. Style Louis XVI.

160 — Ceinture russe avec ornements en argent niellé.

161 — Ceinture roumaine tissée d'or.

162 — Miniature : Portrait de femme en robe bleue et fichu blanc sur les épaules.

163 — Assiette bordure fond bleu de Sèvres incrusté d'argent, offrant au centre deux personnages Louis XV. Dans un écrin en cuir.

164 — Six netzukés en ivoire : personnages et chimères.

165 — Petite gondole vénitienne en argent.

166 — Cuillère et deux épingles en argent ancien.

167 — Tabatière, christ, cheval et corbeille en ivoire.

168 — Quatre breloques : deux chopes et deux petites théières.

169 — Miniature carrée : personnages dans un parc.

170 — Glace de poche en argent.

* *

171 — Truelle à poissons en argent guilloché, manche en ivoire.

172 — Deux coquetiers en argent gravé et guilloché.

173 — Pelle à sucre en argent, coquille ajourée.

174 — Couteau à fromage en argent, manche en nacre.

175 — Passe-thé en argent gravé et guilloché.

176 — Quatre salières en argent, intérieurs dorés. Style Louis XV.

177 — Deux cuillers à sirop en argent.

178 — Cendrier forme panier en argent russe.

179 — Paire de ciseaux à raisin en argent. Style Louis XV.

180 — Verre à liqueur forme bouchon en argent russe.

181 — Cuillère à café et deux cuillères à moutarde en argent.

182 — Petit ameublement de salon miniature en filigrane d'argent, composé d'un canapé, de deux fauteuils, de six chaises et d'un guéridon.

183 — Jumelle en nacre laquée d'or à sujets chinois.

184 — Deux grandes tasses à bouillon en porcelaine bleu-turquoise de Sèvres, à médaillons de fleurs

et incrustées d'argent. Dans un écrin en cuir et velours blanc.

185 — Éventail en nacre gravée et dorée, feuille ornée d'une peinture représentant des personnages assis dans un paysage.

186 — Éventail chinois en ivoire sculpté et ajouré à nombreux petits personnages.

187 — Deux jardinières carrées en porcelaine de la Courtille, décor à fleurs.

188 — Service de messe Louis XIV en argent : plateau et burettes, dessin à guirlandes de vigne.

189 — Petit vase en porcelaine d'Allemagne, décor à fleurs en relief et petits personnages.

190 — Deux petits vases en porcelaine de Sèvres à fleurs.

191 — Deux petites statuettes en porcelaine de Saxe : La Femme à la cage et la Musicienne.

192 — Deux bonbonnières en porcelaine décoree de personnages.

193 — Petit guéridon et petite table en argent, pieds à cariatides d'enfants.

194 — Bonbonnière en écaille, couvercle orné d'une miniature : Portrait de princesse.

195 — Petite bonbonnière en or et émaux translucides enrichis de roses.

196 — Compotier ovale en porcelaine bleue de Sèvres avec médaillons à amours et rehauts de dorure.

197 — Verre avec son plateau en argent doré et gravé.

198 — Figurine en biscuit : Le Marchand de fruits.

199 — Bol et soucoupe en porcelaine de Chine, décor à arbustes fleuris.

200 — Flacon à odeurs en verre, faceté incrusté d'argent gravé.

201 — Flacon à odeurs incrusté d'argent gravé.

202 — Flacon à thé en porcelaine avec peinture représentant l'Impératrice Joséphine.

203 — Tasse et soucoupe en porcelaine à fleurs, bordure rose rehaussée d'or.

204 — Écuelle avec son couvercle et son plateau en porcelaine de Sèvres, décor à fleurs.

205 — Miniature sur ivoire représentant la princesse de Bourbon Conti. Cadre bois doré.

206 — Miniature sur ivoire : Le messager d'amour.

207 — Miniature : Portrait de jeune femme en costume Louis XVI, tenant une guirlande de roses.

208 — Miniature représentant l'Impératrice Joséphine.

209 — Miniature : Portrait de princesse écrivant.

210 — Miniature rectangulaire sur ivoire : Le Lever, d'après Beaudoin. Cadre bois doré.

211 — Deux petites gravures anglaises avec cadres en bronze.

212 — Couvert, fourchette à trois dents et cuiller à coquille ovale poinçonnée, manches en argent ciselé se terminant par des bustes de femmes. XVIIe siècle.

213 — Bracelet indien en argent doré et gravé à inscriptions.

214 — Parure composée d'une broche et de quatre boucles d'oreilles formées de pièces de monnaies turques.

215 — Bracelet en argent ciselé et ajouré.

216 — Paire de boucles d'oreilles et épingle anciennes en argent ornés de pierres rouges et de perles.

217 — Trois pièces : croix en argent médaillon émaillé et bas-relief en ivoire.

218 — Miniature ovale : Mme de Lamballe, monture en or forme broche.

219 — Petite miniature ovale : Portrait de la Marquise de Lespinasse, cadre en or gravé.

220 — Petite miniature ovale : Mme de Maintenon, cadre en bronze à nœud de rubans.

221 — Etui en argent, forme buste de femme sur gaîne.

222 — Petite plaque en biscuit de Sèvres : Petit enfant couché.

223 — Encrier Louis XV en argent à coquille et feuillage.

224 — Sucrier en argent repoussé et ajouré à guirlandes de fraises, intérieur en verre bleu.

225 — Petit presse-papier en bronze viennois : Le Charmeur de serpents.

226 — Porte-allumette avec inscription : La Mère sait-elle déjà que tu es là ?

227 — Petite plaque ovale en biscuit de Sèvres : la Toilette de Diane, cadre en bronze.

228 Petite coupe en verre rouge et émaillé, monture bronze.

229 — Petite lampe argentée. Style Louis XV.

230 — Petit vase en verre de Bohème incrusté d'argent.

231 — Petit koro en bronze du Japon, décor en relief à volatiles.

232 — Encrier et poudrière en porcelaine de Dresde à petits personnages.

233 — Grande tasse et sa soucoupe en argent gravé et doré, de forme lobée.

234 — Porte-cartes en écaille sculptée à pagodes et petits personnages. Travail chinois.

235 — Petit flacon à odeurs en argent émaillé, fond bleu à fleurs.

236 — Petit porte-bouquets à trois tubes en argent, dessin à amours.

237 — Tasse à déguster en argent russe.

238 — Petite boîte ronde en fer damasquiné d'or, travail de Tolède.

239 — Plaquette ancienne en argent repoussé représentant : l'Enfant Jésus et les Rois Mages.

240 — Tasse à anse en argent doré et émaillé. Travail russe.

241 — Petit piano miniature en argent.

242 — Chaise mignonette en argent repoussé.

243 — Petit sucrier en porcelaine d'Allemagne, décor à fleurs.

244 — Ramasse-miettes en métal argenté.

245 — Deux dessous de carafe en métal argenté.

246 — Pince à asperges en métal argenté.

TABLEAUX, DESSINS, GRAVURES

BRILLET

247 — *L'Église.*

Aquarelle signée.

BRUNIÉ-LACOSTE

248 — *La Becquée au pigeon.*

Signé.

COLLE (L.)

249 — *Les Ramasseuses de bois.*

Aquarelle.

LA OCHA (R.)

250 — *Portrait de femme.*

Pastel.

MASSON (B.)

251 — *Nymphe et Amour sous bois.*

Signé.

DE PENNE

252 — *Le Rendez-vous de chasse.*

Aquarelle en forme d'éventail.
Signé.

SEBRON

253 — *Personnages sur une terrasse en Italie.*

Signé.

SAINT-MEURIS

254 — *Paysage avec vue de tour et cours d'eau.*

Sign. .

TOULMOUCHE

255 — *Portrait de jeune femme.*

Signé.

VAN LEEMPRETTEN

256 — *Moutons, coq et poules.*

Signé.

257 — Gravure ancienne : *La Fuite en Egypte.*

258 — Aquarelle : *Vue de Venise.*

259 — Aquarelle : *Paysage.*

260 — Deux aquarelles : *Environs de Naples.*

261 — Tableau en broderie chinoise : *La Visite.*

262 — Gravure : *L'Étoile double,* d'après FALERO.

263 — Petite peinture sur cuivre : *Paysage.*

264 — Gravure ovale en couleur : *Les Deux sœurs*, cadres ovales.

265 — Gravure ancienne : *Le Retour à la ferme*, d'après Berghem.

DENTELLES, SOIRIES, COUSSINS

266 — Volant en Chantilly noir.

267 — Trois cols en point à l'aiguille.

268 — Col et coupe de 2 m. 40, point d'Angleterre, joli dessin Louis XVI.

269 — Coupe de 3 m. 40, point d'Alençon.

270 — Coupe d'un mètre, point d'Alençon.

271 — Voilette en Chantilly.

272 — Mouchoir en batiste, et point à l'aiguille.

273-275 — Trois mouchoirs en batiste, garnis d'applications.

276 — Mouchoir en batiste, encadré de dentelle de Bruges.

277-280 — Cinq coussins couverts de dentelles de Bruges, valenciennes et applications.

281 — Couvre-pied en batiste, avec entre-deux de Venise et guipure.

282 — Panneau en satin rouge cerise de Chine, brodé de soie à fleurs et garni de franges.

283 — Robe chinoise, brodée de soie.

284 — Écharpe orientale polychrome.

285-294 — Dix-huit coussins en satin, brodé de Chine, soierie ancienne, peluche, etc. garnis de passementerie et de dentelles (seront divisés).

295 — Buvard et porte-photographies en soierie ancienne.

296 — Quatre petits panneaux en satin brodé de Chine à fleurs.

297 — Dessus de piano en soierie crème, brochée à fleurs.

298 — Quatre rideaux et un dessus de cheminée en dentelle Renaissance.

TENTURES, TAPIS

299 — Deux décors de croisée avec lambrequins, et quatre portières en soierie rayée bleue et rose, de style Louis XVI.

300 — Grand tapis d'Orient, fond crème, dessin polychrome, bordure fond rouge.

301 — Deux décors de croisée et quatre portières, en peluche rouge.

302 — Tapis fond crème à fleurs.

303 — Douze rideaux et lambrequins en étoffe de soie genre oriental.

304 — Tapis fond rouge uni.

305 — Tapis fond crème à fleurs.

306 — Décor de croisée et deux portières soierie vieux rose.

307 — Portière en panne rose.

308 — Tapis fond crème, dessin polychrome.

309 — Petit tapis ancien d'Orient.

310 — Tapis fond crème, dessin archaïque.

311 — Tapis fond crème, décor à rinceaux.

312 — Couverture de voyage en fourrure doublée de drap noir.

MEUBLES COURANTS

ET OBJETS DIVERS

313 — Petit coffre-fort de Dutrou.

316-316 — Trois cheminées-salamandres, dont deux nickelées.

317 — Trois stores crème et rose.

318 — Abat-jour soie rose.

319 — Meubles courants : lits-cages, table de nuit. meubles de chambres de domestiques, glaces, etc.

320 — Meubles de cuisine : buffet, tables, sièges, etc.

321 — Armoires de lingerie.

322 — Batterie et objets de cuisine.

323 — Débarras.

324 — Objets omis.

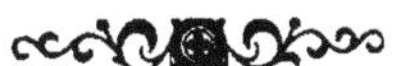

Objets d'Art

IMPORTANT SALON DU TEMPS DE LOUIS XVI

Meubles anciens et de Style

TABLEAUX

Appartenant à M. le Comte de M...

MEUBLES

325 — Important ameublement de salon du temps deLouis XVI, première période, en bois sculpté, dessin à tors de laurier sur joncs superposés, fronton à bouquets de fleurs enrubannés, encadrement à rubans entrelacés, chutes des accotoirs à feuillages, laqué blanc et rehaussé d'or par parties, couvert en damas de soie rouge Il se compose de : Un grand canapé forme contournée et dessus à coussins, deux grandes bergères, seize fauteuils et un écran.

326 — Deux décors de croisées, composés de quatre rideaux en damas de soie rouge.

327 — Grand bahut à trois portes, en marqueterie de bois de luxe orné de bronzes dorés, dessus en marbre blanc. Style Louis XVI.

328 — Grand meuble d'aspect monumental en bois sculpté ouvrant dans le bas à deux portes cintrées avec bandeau et gaîne plâtes feuillagés; dans le haut s'ouvrant à deux portes offrant des trophées de rameaux et branchages reliés par une couronne de fleurs. Montants à bustes d'enfants et chutes de fleurs. XVIIe siècle.

329 — Petite console à six pieds avec entre-jambes, demi-circulaire, orné d'un vase enguirlandé de lauriers, bandeau à rubans enlacés entourant des soleils, bois sculpté. Epoque Louis XVI, dessus en marbre. La dorure postérieure aux bois.

330 — Petite console à deux pieds avec entre-jambes demi-circulaire, orné d'un vase, bandeau à rubans entrelacés entourant des soleils, bois sculpté époque Louis XVI, dessus en marbre. La dorure postérieure aux bois.

331 — Lit de milieu à quatre colonnes, en bois des îles garni de cuivre, le fond architectural à fronton supporté par des accouplements de colonnettes avec d'élégantes ornementations en cuivre découpé XVIIe siècle. Accompagné du tour de lit en brocatelle vert pâle brochée et brodée, lambrequinée de damas rouge de l'époque.

332 — Grand meuble flamand en bois sculpté ouvrant dans le bas à quatre portes, le haut en retrait avec réserves au centre en forme de cabinet, l'abattant présente une madone dans une niche, le fronton à figures de chérubins et ornements supporté par deux statuettes de béguines. XVIIe siècle.

333 — Bahut en bois sculpté de forme cintrée ouvrant à trois portes. Epoque Louis XV.

334-335 — Deux encoignures ouvrant à deux portes en marqueterie de bois à fleurs, dessus en marbre. Epoque Louis XVI.

336 — Grande table rectangulaire en bois sculpté sur quatre pieds, forme de vases à godrons reliés par un entre-jambes ; travail flamand du XVIIe siècle.

337 — Lit de repos recouvert d'un tapis ancien d'Orient.

338 — Bahut en noyer sculpté ouvrant à deux portes, de Krieger. Style Louis XVI.

OBJETS D'ART

339 — Jolie pendule en marbre blanc formée par un groupe allégorique : *Caresses à l'Amour*. Œuvre pleine de charme de l'époque Louis XVI, attribuée à Falconet. Le socle est orné d'un bas-relief en bronze doré représentant les Amours musiciens, d'après Clodion. Époque Louis XVI.

340 — Paire de candélabres formés de vases en marbre offrant en bas-relief les Jeux d'enfants, d'après Clodion, montures en bronze doré avec bouquets de lumières. Style Louis XVI.

341 — Beau cartel en bronze doré, modèle à rocailles fleuries. Époque Louis XV.

342 — Garniture de cheminée en ancienne porcelaine du Japon, décor polychrome à rehauts d'or : jardinières fleuries, paysages et lambrequins, composée de trois potiches, celle du milieu formant pendule, les deux candélabres à sept lumières, et de deux cornets ; le tout monté en bronze doré avec anses en forme de sirènes.

343 — Paire de gros vases avec couvercles en ancienne porcelaine du Japon, décor à paysages avec figures, à fleurs et volatiles, gorges à lambrequins en polychrome rehaussé d'or.

344 — Deux seaux en porcelaine de l'Inde, décor à armoiries et fleurs à rehauts d'or.

345 — Deux plats ronds de l'Inde, décor à armoiries Encadrés.

346 — Deux plats ronds vieux Chine de la famille rose, décor à fleurs et volatiles. Encadrés.

347 — Cinq assiettes en vieux Chine, décor à fleurs et papillons en rouge, vert et or.

348 — Trois compotiers en vieux Chine de la famille rose, à fleurs et papillons.

349 — Trois compotiers vieux Chine, décor en bleu.

350 — Deux plats en vieux Chine, décor : paysage à la pagode en polychrome.

351 — Assiette de l'Inde, décor à fleurs et guirlandes.

352 — Deux compotiers vieux Japon, décor fond bleu et fond blanc à fleurs.

353 — Deux vases brûle-parfums en porcelaine de Saxe, décor à personnages d'après WATTEAU, rocailles et fleurs en relief.

354 — Paire de vases forme rocailles, décor en relief et à fleurs en porcelaine de Saxe.

355 — Groupe de cinq figures en porcelaine genre de Saxe : La Marchande d'amours.

356 — Écuelle en vieux Chine de la famille verte.

357 — Deux soupières avec couvercles et plateaux en ancienne porcelaine de l'Inde, décor à fleurs et ornements en bleu.

358 — Deux assiettes en faïence de Marseille, décor sujets champêtres, bordures ajourées à guirlandes. Encadrées.

359 — Deux plats de Rouen, décor polychrome : Neptune sur la mer, encadrés de rocailles. Cadres bois noir.

360 — Six assiettes de Castelli, décor à sujets mythologiques. Encadrés.

361 — Deux plats de Castelli, décor à sujets mythologiques. Encadrés.

362 — Paire de vases de Vallauris, décor laqué or et noir, sur fond vert.

363 — Deux aiguières et jardinière de Vallauris, fond vert décor en relief.

364 — Paire de petites aiguières en biscuit, décor ceps de vigne, sur socles en marbre vert.

OBJETS DE CURIOSITÉ

365 — Baromètre-thermomètre en bois sculpté et doré, fond peint blanc.

366 — Petite glace avec cadre à fronton en bois sculpté et doré, fond peint blanc.

367 — Boite à jetons en laque de Chine noir et or, jetons en nacre.

368 — Modèle de petit canon ancien sur son affut.

369-370 — Modèle de petits obusiers anciens.

371 — Châse reliquaire en bois sculpté, parties dorées.

372 — Calice avec sa patène en cuivre ciselé, gravé et doré, intérieur en vermeil. Fin du XVIe siècle.

373 — Six verres de Bohême, dont deux avec couvercles, décor armoiries, personnages et ornements.

374 — Deux petites burettes d'église en verre de Bohême, au chiffre du Christ, à rehauts d'or.

375 — Verre de Venise gravé à sujets de chasse, pied à ailerons imbriqués de blanc.

TABLEAUX

CÉRAMANO

376-377 — *Troupeaux de moutons au paturage sous bois.*

Deux pendants.
Signés à droite.

Mme FILLEUL

378 — *Portrait de jeune femme en paysanne, la gorge presque découverte, coiffée d'un coquet bonnet enrubanné.*

HERGNIES

379 — *Le mari jaloux.*

Signé et daté 1843.

HOGT (G.)

380 — *Présentation de la tête d'Holopherne.*

LE PARROCEL

381 — *Scène de bataille.*

LESUEUR

382-383 — *L'Annonciation.*

M...

384 — *Portrait de petite fille blonde avec fichu sur les épaules.*

Signé du monogramme **M.**

MOUCHERON (Attribué à)

385 — *Paysage accidenté arrosé par un cours d'eau animé de personnages et d'animaux.*

NETSCHER (Genre de)

386 — *Portrait de femme.*

PATTEL (Attribué à)

387 — *Palais et ruines animés de personnages de l'antiquité.*

388 — *Entrée d'un couvent animée de personnages en costume de l'époque.*

Deux pendants.

POUSSIN (école du)

389 — *Berger et bergère assise au pied d'un arbre avec troupeau paissant autour d'eux.*

RIGAUD (attribué à HYACINTE)

390 — *Portrait de la marquise de Feuquières.* Représentée symbolisant la peinture.

Très beau cadre en bois sculpté et doré de l'époque.

SENAVE

391 — *Petit portrait d'homme en costume noir et collerette blanche tuyautée.* On lit en haut à gauche SVAE 1584.

VERNET (JOSEPH)

392 — ***Embouchure d'un fleuve, près de la Méditerranée, animée de bateaux et de figures.***

WOUWERMANS (Ph.)

393-394 — *Le Camp et le Combat.* Deux charmantes composition de nombreuses figures se faisant pendants.

Signés Ph. W.

ÉCOLE FLAMANDE DU XVIe SIÈCLE

395 — *La Descente de croix.*

ÉCOLE ALLEMANDE XVIe SIÈCLE

396 — *Le Christ après la flagellation.*

ÉCOLE FLAMANDE

397 — *Les Joies maternelles.*

Cadre, bois sculpté, peint noir.

ÉCOLE FLAMANDE

398 — *Débarquement en Orient.*

ÉCOLE FRANÇAISE

399 — *Portrait de gentilhomme en costume rouge et armure de l'époque Louis XIII.*

ÉCOLE ITALIENNE XVIIIe SIÈCLE

400 — *Jésus chez les docteurs.*

ÉCOLE ITALIENNE

401 — *Hérodiade.*

TAPIS D'ORIENT

402 — Tapis persan, dessin polychrome.

6m80×5m.

403 — Tapis d'Agran, dessin polychrome.

7m×5m60.

404 — Objets omis.

OBJETS D'ART

ET

D'AMEUBLEMENT

Appartenant à divers

MEUBLES

405 — Douze très belles chaises en noyer sculpté, pieds à balustres, couvertes en velours rouge cerise richement brodé d'argent à ornements feuillagés, garnies de clous en cuivre ciselé. Époque Louis XIV.

406 — Beau lit de la Renaissance en chêne sculpté avec baldaquin supporté par quatre colonnes cannelées, avec bandeaux et pentes en velours rouge de Gênes, ornés d'applications de broderies d'or et de soie du XVIe siècle, représentant des saints, des saintes et autres personnages du Nouveau Testament, des armoiries, etc. Précieux travail en bel état de conservation. Le plafond du lit est ornée d'une peinture attribuée à l'ALBANE, représentant les Divertissements des amours.

407 — Beau meuble bahut à hauteur d'appui en bois des îles incrusté de nacre, à paysages, pagodes et arbustes. Travail du Tonkin.

408 — Bahut en noyer sculpté. Époque Louis XIII.

409 — Console en bois sculpté et doré. Louis XV.

410 — Pannetière en bois sculpté, style Renaissance, ornée de figures de Triboulet.

411 — Deux fauteuils et deux chaises en bois laqué, couverts en tapisserie d'Aubusson.

412 — Armoire ancienne en noyer et marqueterie.

413 — Table de salon en bois sculpté et laqué, couverte en peluche. Style Louis XV.

OBJETS D'ART

414 — Joli groupe en marbre: La Jeunesse tourmentée par les Amours, composition de trois figures. Signé MADRASSI.

415 — Buste de femme en marbre, dans le goût du XVIIIe siècle.

416 — Petit buste en marbre: Henri IV enfant, d'après BOSIO.

417 — Statuette en marbre: La Coquette, de DEBU.

418 — Statuette en bronze: Diane, d'après HOUDON, avec arc et flèche en bronze doré; socle en marbre, orné d'un perlé de bronzes.

419 — Grand et beau cartel forme lyre, attaché à un nœud de ruban en bronze ciselé et doré, cadran avec entourage en strass. Style Louis XVI.

420 — Paire de belles appliques en bronze ciselé et doré, modèle de Fontainebleau. Style Louis XVI.

421 — Groupe en bronze, de Mathurin MOREAU.

422 — Fontaine avec bassin en cuivre.

423 — Paire de candélabres formé de vases en porcelaine de Sèvres, moulures en bronze.

424 — Petite pendule en bronze. Ier Empire.

425 — Deux plats Louis XV en bronze.

TABLEAUX

CHINTREUIL

426 — *Paysage.*

COROT

427 — *Paysage.*

Dessin portant le cachet de la vente du maitre

COROT (attribué à)

428 — *Paysage.*

DEMARNE

429 — *Paysage.*

VAN HELMONT

430 — *Scène de cabaret.*

ÉCOLE DU XVIe SIÈCLE

431 — *Adoration des Mages, l'Annonciation et la Naissance de Jésus*. Beau triptyque.

ÉCOLE ANGLAISE

432 — *Paysage.*

ÉCOLE FLAMANDE

433 — *Paysage.*

434 — Beau tapis de Smyrne

Long. : 5 mètres. Larg. 6 mètres.

435 — Deux paires de rideaux en velours de Gênes, avec lambrequins.

436 — Objets omis.

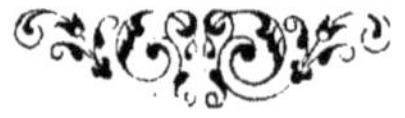

www.ingramcontent.com/pod-product-compliance
Ingram Content Group UK Ltd.
Pitfield, Milton Keynes, MK11 3LW, UK
UKHW020447180726
13839UKWH00004B/1681